ERNESTO CORADESCHI

L' *ANNO BELLISSIMO* DEL *CAPITANO DUCE*

in cento epigrammi

*All'amico Giorgio
e a tutti coloro che sopportano con pazienza
questa mia lunga, imprudente vecchiezza.*

**La copertina e i 28 disegni inclusi nel testo
sono opera originale, liberamente concessa
in esclusiva, di LORENZO RIDOLFI,
valente disegnatore romano a cui va il nostro
ringraziamento.**

"Sarà un anno bellissimo!" vaticinò il Presidente del Consiglio, Giuseppe Conte, agli esordi del 2019, alludendo, piuttosto che all'anno che stava per iniziare, alle fortune future del suo governo gialloverde, da qualche mese in piena attività. La novità dello strano connubio, stretto tra un movimento politico e un partito che per anni si erano scambiati insulti di ogni genere e battezzato con tale ottimistico vaticinio, confesso, fu per me uno stimolo irresistibile per impegnarmi a raccontarne le vicende in due nuove serie di epigrammi, sul modello di quelle dedicate anni fa ad esplorare fatti e misfatti del ventennio berlusconiano. Come poi l'anno bellissimo si sia politicamente concluso è già materia di studio degli storici. Sono invece rimaste, a documento e memoria di esso, queste mie due serie di epigrammi, quasi un quotidiano diario in versi suggerito dagli eventi nazionali e internazionali di quel periodo, a mio parere memorabile, in cui in Italia (e più ampiamente in Europa e nel mondo) ha tentato di affermarsi e mettere salde radici una democrazia di tipo illiberale, interpretata nel nostro paese, piuttosto che dal primo ministro Conte, dal Ministro degli Interni, appunto il Capitano Duce, che ne ha improntato da protagonista la vita e poi cagionato inopinatamente la morte.

Gli epigrammi qui raccolti, che hanno come epicentro l'Italia, ma poi allargano il loro orizzonte alle vicende mondiali che hanno avuto echi immediati nella politica del nostro paese, sono in sintesi il frutto estemporaneo delle riflessioni, tra l'ironico e il preoccupato, suggerite giorno dopo giorno dalla cronaca nazionale e internazionale nell'arco di quei quattordici mesi di governo gialloverde. Alcuni troveranno che più d'uno dei cento epigrammi, raccolti nelle due serie, appaiono ormai poco attuali, superati dalle vicende successive; altri, invece, rileveranno che le stesse novità, venute in luce e messe in evidenza negli epigrammi, sono state soltanto il frutto di idee e comportamenti sempre ritornanti nella storia del passato e a noi più vicina, e destinate purtroppo a ripetersi tra breve. In entrambi i casi la loro inclusione nella lista varrà almeno come testimonianza di un momento importante della nostra storia.

Naturalmente le vicende politiche non hanno assorbito tutta la vita che ha animato le cronache di quest'anno: vicende di ogni tipo, e conseguenti polemiche, di argomento economico, sociale e più vastamente culturale, hanno trovato largo spazio negli epigrammi. Spetterà dunque alla memoria del lettore situare nella loro giusta importanza e nella relativa dimensione temporale e locale i singoli epigrammi, distribuiti nella pagina, anziché secondo l'ordine cronologico della loro composizione, secondo l'ordine alfabetico delle singole voci che li qualificano, in sintonia con i criteri delle precedenti raccolte.

PARTIGIANI

PAURA

POPULISMO

PORTI ITALIANI

PRESENTISMO

ROMA

SCHIAVISMO

LA SINISTRA OGGI

SLOGANS PUBBLICITARI

SMARTPHONE

SOVRANISMO

STUDIARE STORIA

TABLET

TRUMP

VAR

VARIAZIONI CLIMATICHE

SECONDA SERIE

AGGRESSIVITÀ

AUTONOMIE DIFFERENZIATE

CALCIO FEMMINILE

CALCIO E MERCATO

CANI E GATTI

CÀROLA

CENSURA

CONFINI

CONTADINI

DECRESCITA FELICE

DEMOCRATURA

DEMOCRAZIA ILLIBERALE

DISCRIMINATI

EDUCAZIONE CIVICA

ÉLITE

EURO

GOVERNANTI INCOMPETENTI

IMMAGINI

INNOVAZIONE E RICERCA

INTEGRAZIONE

INTERNAUTI

INTOLLERANZA

LAVORO

LEADERSHIP ITALICA

LIBRERIE

LIBRIDINE

MADE IN ITALY

MALA EDUCAZIONE

MEDITERRANEO

MEMORIA COLLETTIVA

MILLENNIALS

MONDO POCO UMANO

MURI E PONTI

NATURA

NAZIONE

OBIEZIONI DI COSCIENZA

OUTLETS

PLASTICA

POLITICO

RESILIENZA

RIFORME PROMESSE	TATUAGGI
RITORNO ALLA NATURA	TEATRO
RIVOLUZIONE SESSUALE	TENNIS
SALVINI	L'UOMO COME FINE
SELFIE	ZINGARETTI

ACCOGLIENZA

Fin dalle origini fu rispettato
l'ospite: ben accolto e poi protetto
e, anche se nemico, bene accetto
se da natura avversa minacciato.

Oggi chi ha parvenza d'immigrato
scomodo intruso viene giudicato.

AFRICA

Un continente dalla storia antica
depredato di uomini e risorse
da chi in passato sollecito accorse
dichiarando la sua una mano amica.

BARBA

Imberbe è stato a lungo ritenuto
il giovane inesperto:
ciascuno, oggi, maturo si è scoperto
mostrandosi barbuto.

BUGIE

Di raccontar bugie
non mancano occasioni:
frutto di cortesie
o di false opinioni,
di abili regie
in vista di elezioni.

BUCHI NERI

Ascoltata davvero:
"A dirla corta,
un buco?...e che m'importa!
E anche un buco nero..."
Ignorante e sincero.

LA CHIESA OGGI

Tra cielo e terra vive ed è cresciuta
componendo contrasti e ribellioni
e per millenni è poi sopravvissuta.

Oggi da troppi non più ritenuta
divina tra le umane istituzioni.

CINQUE STELLE
>
> **M**ovimento o partito?
> Di sinistra o di destra?
> Nessuno lo ha capito.
>
> Sondare le opinioni:
> questa la via maestra
> per vincer le elezioni.
>
> E, vinte, altro non resta
> che chiedere, e poi fare,
> quel che il popolo ha in testa.

CONTE
>
> Fu giudicato
> irrilevante
> poco stimato
> tra due potenti.
>
> Si è rivelato
> vero vincente:
> un avvocato
> Fregoli nato.

CORRUZIONE

La mala pianta della corruzione
attecchisce in Italia più che altrove:
è punita con leggi antiche e nuove,
ma a poco giova, è ormai un'istituzione.

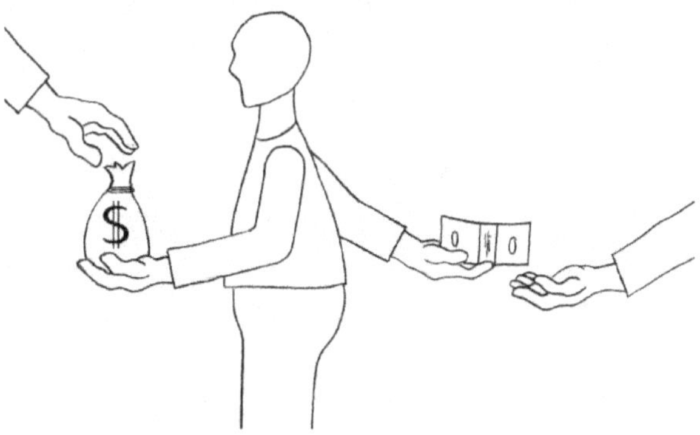

CREDULITÀ

Alla credulità delle persone
che frequentano i *social* nella *rete*
non serve immaginar cause segrete:
solo ignoranza e disinformazione.

CROZZA

Cerchi il successo, la celebrità?
Chiedi a *Crozza* di metterti alla gogna,
scoprendo ogni tuo vizio, ogni vergogna:
hai garantita l'immortalità!

E il decoro, l'onore, l'onestà…
Vecchie virtù che più nessuno sogna!

DENATALITÀ

Nascono pochi figli e sui giornali
si legge di frequente l'opinione
ciò sarà causa di futuri mali;

ma intanto si boicottano i canali
di rapida e sicura immigrazione,
per vincere in futuro le elezioni.

DI MAIO

Sorridente ed acchittato
(tutto serve - tienlo a mente -
per confondere la gente):
è un Salvini più educato.

EMIGRANTI

"Itala gente
dalle molte vite…"

Itale genti
intolleranti
degli emigranti

tenete a mente
che di immigrati
siam discendenti,

e mi confondo
se conto quanti
nostri migranti

fuor dai confini
son cittadini
di tutto il mondo.

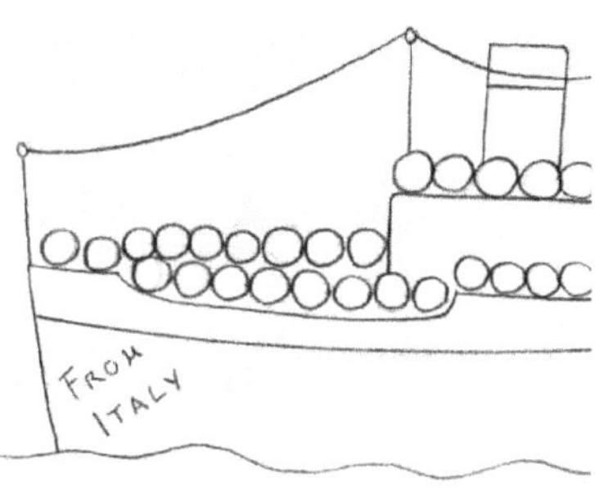

FAMIGLIA

Chi la sente un rifugio, chi una gabbia,
chi di vipere un nido, a cui natura
pensò non come a un luogo di sventura
da cui fuggir per non morir di rabbia.

FANS DEL PASSATO

Muovono armati
i comunisti
tramano agguati
i neofascisti…

Come fu in anni
remoti e tristi
non disperiamo:
oggi malvisti
presto ministri…

FIGLI D'IMMIGRATI

Non sono qui discesi dalle stelle,
ma nati e poi cresciuti in mezzo a noi,
in una terra di santi ed eroi
dove conta il colore della pelle…

GOVERNO GIALLOVERDE
La felice condizione
del governo gialloverde?
È governo, è opposizione,
sempre vince anche se perde.

Grande impegno a prima vista:
si contesta, si propone
senza mai una conclusione.
Ogni legge è una conquista!

GRETA

"Poca favilla
gran fiamma seconda!"

Potrà mai un grido
gentile e crudo
"Il re è nudo!"
destare il mondo?

HOMO SOCIAL
Non ci metti la faccia.
Di ciò che scrivi non resterà traccia.

L'identità tua vera?
Ti dichiari leone da tastiera.

Batti sui tasti e spesso
ti scarichi come se fossi al cesso.

HUMAN EXTINCTION

La fine mesta
di noi mortali
la terra appresta,

ma per chi resta
piante e animali
sarà una festa!

IMPREVIDENZA NEGAZIONISTA

Nega o contesta
che accadrà presto
ignora il dopo
né conta il poco
tempo che resta.

La quintessenza fu del sovranismo.
Ritenendo di essere sfruttata
dal continente, infine se ne è andata,
obbedendo a uno stolido egoismo.

Oggi vive più sola ed isolata
a coltivare una grandezza andata.

INSEGNARE OGGI

Ciò che riguarda presente e passato
tutto è già nella *rete* condensato
e i giovani assai meglio sanno usare
nuovi strumenti del comunicare.

Così chi dovrebbe essere informato
di chi informa è più esperto e preparato.

INTELLETTUALI

Piaceva un tempo il dotto che bilancia
torti e ragioni e sviscera argomenti
senza emozioni troppo coinvolgenti.
Oggi trionfa chi parla alla pancia.

ITALIA

L'Italia è troppo lunga e troppo stretta
tra mari e monti e troppo popolata
per essere equamente governata
dalle Alpi fino all'ultima isoletta.

LEGA

Muta i suoi dei
(furon *gli schei!*)
non il progetto:
"Gente italiana
(fu già padana!)
sia benedetta
sia la sovrana;
gente straniera
senza una lira
sia maledetta:
torni dov'era".

LEONARDO E DAN BROWN

Viviamo come infanti
su spalle di giganti
dei secoli passati.

Presto dimenticati
se da scrittori astuti
non sono romanzati.

MESTIERI ITALIANI

La presenza di tanti forestieri,
la carenza di posti di lavoro
spingerà molti verso quei mestieri
stimati un tempo di poco decoro,
come furono cuochi o camerieri.

NEOFASCISTI

Strano destino degli italiani:
scarsa fiducia han nel domani
e si rifugiano in un passato
da cui col sangue ci han liberato.

Non è che l'abbiano dimenticato:
non lo conoscono, né mai studiato.

LA NUOVA SCIENZA

La vera scienza
in *rete* impazza:
la nuova piazza
della sapienza.

*"La terra è piatta,
guerra ai vaccini.."*:
le spara a vista
il complottista.

Cervelli fini
menan la danza
dell'ignoranza
senza confini.

OCCIDENTE

Culla di antiche civiltà, a giudizio
di storici ad un celere tramonto
destinata: non reggerà il confronto
con genti nuove, immuni dai suoi vizi.

PAPÀ DUCE

Accarezza bambini e dai balconi
benedice i fedeli suoi plaudenti,
poi maledice con motti irridenti
chi dal mare scampò con i barconi.

*

"*Ministro della malavita*"? Credo
ingiusto assomigliarlo a un uomo degno
di rispetto e di onesto contegno
dal suo ingresso in politica al congedo.

*

Chi frequenta fascisti e poi si vanta
di censurare media e giornalisti,

indossa felpe dove inneggia e canta
lodi di populisti e sovranisti

cela radici della stessa pianta
di chi protegge e fiancheggia i fascisti.

PAPA FRANCESCO

La sua è pietà feconda di parole
di cui si nutre sempre la bontà,
ma credo che le stimi vuote fole
se non congiunte con la carità.

PARTIGIANI

Parola divisiva
che in cuori anche sinceri
sepolti odi ravviva.

Forse di più stimati
se *patrioti veri*
si fossero chiamati.

PAURA

Fu un tempo utilizzata da tiranni
con roghi in piazza e con impiccagioni,
oggi coi media e con false opinioni
minacciando sventure e gravi danni.

POPULISMO

Fu usato in tutti i tempi e in tutti i luoghi
vantare la saggezza e le virtù
dei popoli da astuti demagoghi:
"liberi un tempo, oggi in servitù!"

PORTI ITALIANI

"Porti aperti alle armi"
per stragi di umani in luoghi lontani.
"Porti chiusi agli umani"
a popoli amici in fuga ed inermi.

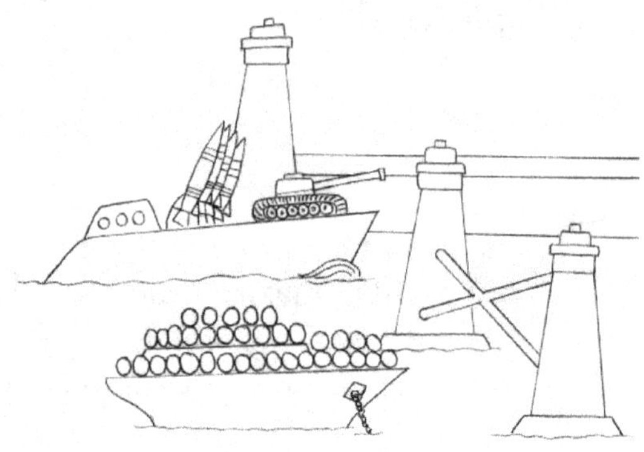

PRESENTISMO

Poco studiato
(a noi lontano!)
è ormai il passato;

un libro oscuro
aperto invano
pare il futuro;

regna sovrano
il conformismo
del presentismo.

ROMA

Domò genti e maestra
fu d'arte e di cultura;
oggi domata resta
dalla sua spazzatura.

SCHIAVISMO

È giudicato
una nequizia
e già in passato
fu condannato
dato per morto.

Poi la notizia:
nel Meridione
-nuova tristizia
della Nazione-
oggi è risorto.

LA SINISTRA OGGI

Per i diritti umani si è impegnata
perché creduti del popolo il sogno,
ma non lo ha liberato dal bisogno
e il popolo impaziente l'ha lasciata.

SLOGANS PUBBLICITARI

Somigliano ai proverbi che in passato
usava la saggezza popolare
per vivere in un mondo programmato.

Son questi d'oggi inviti a consumare,
frutto delle ricerche di mercato,
o stimoli a modelli da imitare.

SMARTPHONE

Il mondo in mano di aver ti pare:
sai cosa fare, sai dove andare
ed ogni evento puoi controllare…
Ma non basta conoscere per fare!

SOVRANISMO

Si cerca, usando un finto neologismo,
rinnovare la trista ideologia
che distrusse l'Europa: una follia
che prese il nome di nazionalismo.

STUDIARE STORIA

Si studia storia non per giudicare,
premiare i buoni, punire i cattivi,
ma per capire il mondo di noi vivi
e per meglio il futuro progettare.

TABLET

Un oggetto prezioso: ti conquista
perché di facile uso, a prima vista
bello e, cosa più gradita,
t'informa e ti semplifica la vita.

Giudizio universale
è attribuire a Trump
l'inizio di ogni male.

Per quante colpe egli abbia
piacque a troppi ficcare
la testa nella sabbia.

Dai tifosi invocato
perché onesto ed al tifo indifferente
ma si è dimenticato
che chi lo guida è sempre umana mente.

VARIAZIONI CLIMATICHE

Poco inattendibili
le previsioni
di catastrofiche
perturbazioni

e i meteorologi
ieri apprezzati
sono agli astrologi
assomigliati.

AGGRESSIVITÀ

Il villaggio globale che palesa
senza pudore le diversità
accende gli odi, l'aggressività
contro l'umanità peggio difesa.

AUTONOMIE DIFFERENZIATE

Un furbo stratagemma per cacciare
il malandato Sud nel *Terzo Mondo*
deridendo chi osa dubitare
che l'unità d'Italia andrebbe a fondo.

CALCIO FEMMINILE

Frutto di un pregiudizio oggi dismesso
e contro ogni progresso
si è impedito per secoli l'accesso
del calcio al gentil sesso.

Certo, considerato
ciò che il calcio nel tempo è diventato
meglio sarebbe stato
se il pregiudizio, ahimè!, fosse durato.

CALCIO E MERCATO

Tra gli sport il più amato
è spesso diventato
un florido mercato
losco e spesso truccato

e -caso assai frequente-
società e presidente
giocano impunemente
ad imbonir la gente.

C'è chi alleva animali in casa e fuori
con strane, inconfessabili intenzioni:
per sfogare su esseri inferiori
le proprie personali frustrazioni.

CÀROLA

Novella *Antigone*
tenta un'impresa
audace e nobile
nuova e inattesa:
donna è, straniera
ed indifesa.

CENSURA

Imperversò in anni non lontani
con assurdi divieti e mutandoni
quando si castigò costumi strani
non ruberie di stato ed evasioni.

CONFINI

Un sogno ormai al tramonto o tramontato
è di un' Europa senza più confini
che affratelli i popoli vicini
spenga i rancori e gli odi del passato.

In un mondo che annulla le distanze
moltiplica mercati e connessioni
dovremmo eliminar disuguaglianze
non ricrear confini tra nazioni.

CONTADINI

Ragazzo, li conobbi miei vicini
di casa, io nella casa padronale:
cappello in mano, al fondo delle scale…
Ero io padrone e loro i contadini!

DECRESCITA FELICE

Saggia ricetta, poco convincente
se il mondo cresce sordo e indifferente.
Crescita sì, ma almeno intelligente
rispettosa dell'uomo e dell'ambiente.

DEMOCRATURA

Strano regime in Italia già in atto
in cui se molti sono a governare,
come in democrazia è giusto fare,
uno soltanto governa di fatto.

DEMOCRAZIA ILLIBERALE

Liberalismo e democrazia
sono legati come padre a figlia:
il primo alla seconda aprì la via
fondò la democratica famiglia.

Se illiberale, la democrazia
al vecchio dispotismo rassomiglia.

DISCRIMINATI

Da fame, sete e guerra
fuggono gli immigrati
via dalla loro terra

ma son discriminati
dalle popolazioni
perché solo affamati

come non disumane
fosser le condizioni
di chi muore per fame.

EDUCAZIONE CIVICA

Fu integrazione
giusta e mirata
di educazione
sempre ignorata.

Irrilevante
fu giudicata
e dai docenti
presto archiviata.

Così è restata
non più studiata
la venerata
Costituzione.

ÉLITE

Ogni gruppo organizzato
da una élite è governato
ed un popolo è prudente

se si sceglie saggiamente
una classe dirigente
giusta, onesta e competente.

EURO

Quando ebbe vita
sembrò il suggello di un'Europa unita
ma oggi è contestato
da chi per insipienza mal lo ha usato.

GOVERNANTI INCOMPETENTI

Oggi richieste
nuove e mirate
vogliono teste
ben preparate

ed è dovere
di chi ha il potere
valorizzare
chi del mestiere,

ma come fare
se a governare
son governanti
incompetenti?

IMMAGINI

Archivio amato
di ogni emozione
è diventato
il tuo smartphone.

E volti giovani
(quanto mutati!)
in belle immagini
son conservati.

Ma incerto e fragile
più che in passato
è ciò che ai posteri
verrà affidato.

INNOVAZIONE E RICERCA

È banale la questione:
può un governo impunemente
trascurar l'innovazione
che il progresso ti consente?

Se prometti alla tua gente
sorprendenti novità
la ricerca solamente
gli strumenti ti offrirà.

INTEGRAZIONE

L'Italia non può chiudere i confini
a chi fugge da guerre e distruzioni:
li accoglie senza offrigli le occasioni
di lavoro. Li chiama clandestini.

INTERNAUTI

In mari infidi
e controvento:
son gli ulissidi
del nostro tempo

che dopo tanti
rischi affrontati
felici e stanchi
sono approdati

calato il giorno
a un sito porno.

INTOLLERANZA

Se mai difendi
le tue opinioni
dalle obiezioni
poco calzanti
di incompetenti

godi sovente
della sanzione
di intollerante:
la discussione
non servì a niente!

LAVORO

Soltanto un mago potrebbe indicare
quali saran le nuove occupazioni
a chi per tempo vuole programmare
lavori nuovi e nuove professioni.

LEADERSHIP ITALICA

Un *Capitano* che legge i sondaggi
 poi fa non ciò che è utile ed urgente,
ma quel che può arrecargli dei vantaggi,
non è guida, ma a traino della gente.

LIBRERIE

Là dove chiudono
le librerie
pronte subentrano
le pizzerie.

Sulla bilancia
pesa la pancia
più della mente
che pesa niente.

LIBRIDINE

"Amor di libro" assai a lungo è durato
ed un prezioso oggetto fu stimato
il libro, al leggio spesso incatenato.

Oggi, della sua aureola privato,
è in umide cantine imprigionato,
poi accanto ai cassonetti abbandonato.

MADE IN ITALY

Fu il marchio che in stagioni più felici
nobilitò la nostra produzione:
oggi arricchisce i vicini amici
depauperando la nostra Nazione.

MALA EDUCAZIONE

Fu viva l'opinione
che una vasta dottrina
la persona raffina

e il dotto era stimato
più colto e più educato
del villico inurbato.

La mala educazione
oggi uguaglia persone
in pubblico e in privato.

MEDITERRANEO

Congiunse o separò genti in passato
costruttrici di grandi civiltà
cimitero di corpi è diventato
strazio e vergogna dell'umanità.

MEMORIA COLLETTIVA

Ci è cara la memoria collettiva
e ci sforziamo di tenerla viva
ma per le nuove generazioni
ha la labilità delle opinioni.

MILLENNIALS

I nostri figli nel Duemila nati
non dal sesso e neppure dal colore
della pelle verranno giudicati,
bensì dal loro intrinseco valore…
(solo un auspicio di un mondo migliore?)

MONDO POCO UMANO

Un mondo poco umano
il nostro, in cui è presente
chi troppo e chi possiede poco o niente;

in cui piace alla gente
esser presa per mano
da un furbo navigato ciarlatano

che promette suadente
un mondo giusto e umano
a patto che diventi lui sovrano.

MURI E PONTI

Fin dall'antichità son sorti muri
in difesa dagli altri e più sicuri
ci rendono; ma sono solo i ponti
che ci aprono agli accordi ed ai confronti.

NATURA

Non sempre buono
né a lungo dura
il non umano
che esce di mano
della natura.

Madre benigna
è raramente.
Madre matrigna?
Più rettamente:
indifferente…

NAZIONE

"Una d'arme, di lingua, d'altare,
di memorie, di sangue e di cor."

Bella definizione
dell'idea di nazione
vera e mai tramontata.

Oggi meno apprezzata
da chi si sente, in fondo,
cittadino del mondo.

OBIEZIONI DI COSCIENZA

Obbedire costa caro
in fatica ed in danaro
e se il caso è nuovo o raro

è talvolta conveniente
per scusar la negligenza
appellarsi alla coscienza.

OUTLETS

Son cattedrali
del consumismo,
ovunque uguali.

Presso è la chiesa
che vuota resta.
È qui la festa!

PLASTICA

La combatto, e la mia è una lotta strana
perché ogni giorno, se mi guardo in giro,
giudico che la mia è un'impresa vana
se a un viver da selvaggio non aspiro.

POLITICO

Fu un tempo il cittadino che antepone
il bene collettivo al suo privato
interesse, a servizio dello Stato.
Oggi solo una redditizia professione.

RESILIENZA

Termine nuovo
che in nulla innova.

Essere duttile
ma resistente,
tenero e rigido
non impotente
e contro i mali
dell'universo
giammai desistere
darsi per perso…
Tutto mi pare,
per quel che vale,
già detto e fatto.

Giova ripeterlo?
Ne prendo atto!

RIFORME PROMESSE

Finché sei all'opposizione
manifesti alla tua gente
la fermissima intenzione
di cambiare l'esistente.

Se poi vinci, è molto raro
che mantenga la promessa,
per la causa (è e fu la stessa!)
che il cambiare costa caro.

Se riformi, perdi spesso
col consenso anche il successo.

RITORNO ALLA NATURA

Chi vagheggia un ritorno alla natura
ad una vita semplice e modesta
crede a un passato di gioco e di festa
guastato da ricchezza e da cultura.

RIVOLUZIONE SESSUALE

Più che rivoluzione
fu una liberazione
dall'idea che in passato
strettamente ha legato
il sesso col peccato.

SALVINI

Demagogo di piazza e d'osteria
lui minaccioso punta contro il dito
ai suoi nemici col cortese invito:
"Via dalle palle! Questa è casa mia!"

SELFIE

Donar la propria immagine a persone
per coltivar l'altrui venerazione
non è gesto di nobile altruismo
ma semmai di volgare narcisismo.

TATUAGGI

Il corpo un tempo libero e innocente
oggi soccorre ai vuoti della mente:
divien la pelle una   tabula rasa,
dove ciò che più importa si travasa.

TEATRO

Col cinema, poi la televisione
sembrò dannato a rapida estinzione:
ma è la storia dell'uomo, mai finita,
fedele specchio della nuda vita.

TENNIS

Antichi e nobili
vanta natali
illustri interpreti
regole rigide
quasi rituali.

È sport completo.
Il suo segreto?
Fu l'alleanza
del gesto atletico
con l'eleganza.

L'UOMO COME FINE

Chi usa cavie umane come mezzo
e non rispetta l'uomo come fine
rende se stesso ad un nazista affine
e non di lode è degno, ma di sprezzo.

Nel *campo di Agramante* del PD
infestato da lotte di fazione
che l'hanno impoverito fino a qui

ha tentato una riconciliazione
tra mille compromessi e mille pene
al grido di *"Volemose bbene!"*

Dello stesso autore:

"DUECENTO EPIGRAMMI DI UN DECENNIO"

"TRA CRONACA E IMPEGNO"